HAQIQI ZINDAGI KAE HAQIQI SHAIR

SHORT POEMS ON INDIAN CURRENT AFFAIRS

RIDA QUDDOS

This book is dedicated to everyone who refuses to blindly follow people in the name of religion, caste or political leaders. I urge people to rationalize and question everything you see and hear. Don't let anyone dictate your life.

Contents

Chapter1

<u>Azaadi Kae Dhabbae</u>

Azaadi mae tum kya kuch bolegayae

Dil aur dimaag dono roodiyae.

Kab azaadi ka matlab dil dukhana hogaya,

Kab azaadi ka matlab teer chalana hogaya.

Azaadi ka matlab kya sekhlaingae hum apnae bacho ko

Azaadi toh bus ghondagardi mae rehgayee.

Koi phirsae ayyae aur hamae azaadi ka sahi matlab seekhadae,

Koi ayyae hamari Rooh ko mehkadae..

Chapter2

Mann Ki Khidki

Kholo apni mann ki khidki,

Rooshni ko khushaamadeed kaho.

Apnae aap sae pyaar karo,

Duniya sae pyaar hojaeyga.

Zindagi kitni haseen hai,

Mazzae sae jiyo.

Har rang ko apnao,

Har dhung sae jiyo.

Mae sahi hon,

Tum bhi sahi hon.

Galath toh tang soonch hai,

Apni soonch ko saaf sutra rakho.

Dil mae kitna pyaar bhara hai,

Thoda sa toh jhalka do.

Pyaar hi har marz ki dawa hai,

Phir darr kis baath ka hai.

Khuda is Jahan ko chalata hai,

Us par bharosa toh kar kae dheko.

Jis nae din ko raat mae badla hai,

Uss sae khuch maang kar kae toh dekho.

Nafrath ka libaas tum joh ooday huwae ho,

Uss mae thoda sa ittar toh laga do.

Shayad is ittar ki Khushboo sae,
Tumhari rooh aur soonch mahek utahe.
Deana seekho,
Khudbakhud sub mil jayega,
Lena toh hum sub ko aata hai.
Is duniya sae hamae bahut shikayaetae hai,
Shikwa shikayaetae toh bahut Karli humane,
Chalo khooshiya baathae hai,
Is duniya ko phirsae jeenae kae layaq banatae hai.

Chapter3

Sach Kae Pardae

Sach niqaab pehen chuka hai,

Sach ka chehra chup sa gaya hai.

Sach ab sirf pinjar mae nazar aata hai.

Sach ko kisi kae saharae ki zaroorat na thi,

Ab sach akela akela nazar aata hai.

Sach ab jalaya jata hai, dabaya jata hai.

Sach khamoosh hai,

Aur jhoot chillaraha hai.

Sach akela hai,

Aur jhoot ki fauj aage badh rahi hai.

Sach ko kamzoor samajnae wale,

Aaj roh rahe hai, unkae jhoot nangae horahe hai.

Sach kae saathiyo ko jaahil kaha ja raha hai,

Aur jhooto ko rajnayik aur sifarati.

Hum kab ki bik chookae hai,

Aur hamae pata bhi nahi.

Awaz uthanae sae rooh kyu na kampe,

Dil toh duniya mae khoya hai.

Sach haq hai, na jhooknae wala, na thotnae wala, na ghabaranae wala, taahayaat.

Sach ka parcham phir lahrayega,

Saare jhoot kae sipahi dafan hongae,

Fiza mae sachayee ki khusboo hoogi,

Hamara soya huwa zameer phir jagaega.

Hamara ittehad hamesha sach kae saath rahega.

Sach ka hum saath dae na dae,

Sach hamara hamesha saath daega.

Chapter4

Haq Ki Baath

Mera haq mera hai,

Khuda ki naimat, tohfa hai.

Haq ki baath haath mae talwaar laekar na karo,

Haq ki baath pyaar aur narmi sae kaho.

Haqooq hum sub kae hai,

Phir ladna, kaatna, maarna kyu? Meara haq kya hai?

Ye kissi sae kyu poocho?

Mera haq kya hai?

Tum ko kyu bataye?

Chapter5

• 7 •

Naya Din Ji…

Kal kae ghum bholo,

Aur aaj kae sach apnao.

Manao dil ko,

Apnae aap sae pyaar karo.

Bahut haseen rooh ho tum,

Khuda kae jo ho tum.

Zor sae kaho mae acha, sub achae.

Apni rooh ko pyaar ka rizq do,

Saare paarishaaniya sukoon ka pyaala pee jaengae.

Aow khooshiyaan ginae, gum toh gintae hi hai hum.

Chapter6

Mann Udaas...

Itni nafrat kaise karlaetae hai hum

Pyaar ki koi jagae batchi hai dil mae?

Mann udaas hojata hai in rawaiyoon sae,

Kaash hum tum ko kass kae galae lagalaetae,

Aur tumhae pyaar aur aman ka paat seekha daetae.

Umeed ab buss nayee peedi sae hai,

Hamari nasal toh ronae aur rulane mae hi reh gayee.

Chapter7

Manzil

Manzil hum sub ki rah deakti hai.

Koi manzil pe pohonchnae sae pehlae haar maanle,

Toh koi kabhi na rookae apnae kadam.

Manzil paanae kae bhi doh tareeqae,

Aik sharafat sae,

Aik khayanat sae.

Manzil paanae ki daud mae,

Hum sab shaamil hai,

Koi gunah mae shaamil,

Toh koi naiki mae shaamil.

Manzil paanae sae pehlae koi margaya toh koi jee gaya.

Manzil paanae kae sapnae deakhae hai hum subnae,

Kissi nae kuch paya, toh kissi nai sub khoya.

Chapter8

Zameen kae Parindae

Bachpan mae humnae yahi sooncha,

Kae hum hai zameen kae parindae.

Udaan chaha, toh kissi nae pathar mara,

Kuch apno nae, kuch parayo nae.

Udna toh hamari fitrat hai,

Maar bhi khayee,

Thookar bhi khayee,

Par udna na choda.

Udae, girae, aur phir udaan bhari,

Issi ka naam zindagi hai.

Haar na maan maere bhai,

Udtae ja,

Apni zindagi ki patang udatae ja.

Chapter9

Badbakht

Na dafna mujhe ae adam zaad

Mae teri nanhi Gudiya hon,

Apnae nanhae haaton sae tujhe choomti hon.

Badi ankon mae badae sapnae liye is duniya mae aye hon,

Taere budapae ka sahara ban nae ayee hon.

Oh maa mujhe apnae seenae sae lagaa,

Mujhe pyaar kar,

Aaj taeri gaud bhari hai mujsae,

Kal maeri gaud bharegi tujsae.

Mujhe kum na samaj ae badbakhth,

Mae taera sukoon aur Jannat ki seedi ho.

Mujhe apne haato mae lae kar toh dekh , mae taeri zindagi

hon, taeri Khushi hon, taera haseen sapna hon..

Chapter10

Shareefo ki basti

Kehtae hai, aik shareefo ki basti hai,

Jaha sirf, shareef log basar karate hai.

Dillo ka haal kisnae jaana hai,

Koi 'Allah hu Akbar' keh kar shareef bangaya toh koi 'Jai Shri

Ram' bolkar.

Shareef toh humnae, raastu par dekha hai,

Gharon mae dekha hai.

Chup kar khamoshi sae kissi kae ghar ka diya jala jatae hai.

Kissi ki Diwali to kissi ki Eid banjatae hai,

Aur khuda ko razi kar letae hai.

Aisae shareef humnae dekhae hai,

Joh talwaar laekar nahi ghumtae,

Kitabe lekar rooshni pehlaatae hai.

Aank kholo aur sachaee ko dekho,

Insaan ko pehchano, apne khuda ko pehchano.

Aik duniya ka khwaab dekha hai,

   jahan koi jung na ho,

   koi nafrat na ho.

   sub sahi ho

   sub khush ho

   aisi aik duniya mumkin hai

   ibtada apne ghar sae karo

   aur sub mumkin hai.....